Alfred Fouillée

Le Physique et le Mental à propos de l'hypnotisme

Essai

ISBN : 978-1545406014

10 9 8 7 6 5 4 3 2 1

Alfred Fouillée

Le Physique et le Mental à propos de l'hypnotisme

Essai

Table de Matières

Introduction

Selon la théorie adoptée par beaucoup de physiologistes et de psychologues, la conscience ne compterait pour rien comme « facteur » dans l'évolution. La composition d'*Hamlet*, par exemple, était un résultat déterminé par des phénomènes de pure mécanique, où l'unique rôle était joué par certains changements moléculaires dans le cerveau de Shakspeare. Quand le poète prêtait à son héros l'interrogation tragique : être ou bien ne pas être ? les idées de l'être et du néant, les sentiments d'amour pour la vie et d'horreur pour la mort, les aspirations à une existence éternelle, tout cela était, nous dit-on, de simples « accompagnements » à l'agitation des molécules cérébrales ; — ces idées et ces sentiments n'ont pas plus coopéré au monologue d'Hamlet que le rayon de l'étoile reflété par la surface de la mer ne détermine la marche de l'étoile. L'histoire de Shakspeare, l'histoire de l'humanité et du monde aurait été la même sous tous les autres rapports, si l'idée, le sentiment et le désir n'avaient jamais nulle part existé : le soleil et les étoiles auraient accompli leurs mêmes révolutions, et, comme l'astronomie céleste, l'astronomie cérébrale aurait présenté les mêmes phases, aux mêmes lieux, aux mêmes points de la durée.

Bien plus, non-seulement nos états de conscience sont sans action dans l'histoire générale du monde, ils sont encore, selon cette doctrine, sans la moindre action l'un sur l'autre ; il n'en est aucun qui soit la condition du suivant, ils ont tous pour unique condition des changements extérieurs. Si je veux retirer ma main du feu, ce n'est pas parce que je souffre et que, simultanément, il se passe dans mon cerveau tels et tels phénomènes ; c'est parce que les molécules cérébrales sont, en dehors de toute raison « psychique, » dans telles situations réciproques, animées de tels mouvements tout physiques ; la série des conditions est exclusivement cérébrale et matérielle ; il n'y a dans le mental que du *conditionné*, jamais du « conditionnant, » que les ombres des ressorts efficaces, jamais les ressorts mêmes. Cette complète inertie du mental en entraîne la complète superfluité. Les idées, les sentiments et les désirs sont des mystères incompréhensibles ; ils naissent de rien, ils ne servent à rien, ils ne laissent derrière eux aucunes conséquences. C'est le scandale de la nature, qui pourrait se passer de ces parasites et qui cependant arrive, on ne sait comment, à produire cette superfétation, la pensée, pour le seul plaisir ou la seule douleur d'y venir contempler sa propre image et de se demander avec Hamlet s'il ne vaudrait pas mieux ne pas être que d'être ?

Ouvrez les livres de la plupart des physiologistes et médecins de notre époque, surtout de ceux qui se rattachent, en France, à l'école de Paris, en Angleterre, à la doctrine de Spencer, de Maudsley et de Huxley ; vous retrouverez sans cesse ces expressions qui ont fait fortune : la pensée est un « épiphénomène, » la pensée est un « fait surajouté, » un « surcroît, » un « luxe, » un « accessoire. »

Les découvertes sur l'hypnotisme ont semblé, à première vue, confirmer cette hypothèse et nous réduire, sous le rapport mental, à des automates inertes : — Voici l'homme-machine de La Mettrie, ont dit les physiologistes ; nous en démontons et en remontons devant vous les rouages ; nous n'avons qu'à presser tel ressort pour le faire agir, tel autre pour le faire parler ; bien plus, nous lui faisons exécuter, une fois réveillé, des actes qu'il attribue à sa volonté propre, quand c'est nous qui tenons le fil de cette marionnette humaine.

Cependant, à y regarder de plus près, ne découvrirait-on pas que les états de conscience sont toujours les vrais ressorts qui meuvent l'automate, les vraies conditions internes des mouvements mêmes ? Sans doute une idée introduite dans une tête humaine développe nécessairement ses conséquences et tend à se réaliser en actes ; nous ne possédons pas une liberté d'indifférence qui s'exercerait en dehors et au-dessus de nos motifs et de nos mobiles. Mais, précisément parce qu'il y a ainsi lutte pour la vie entre les idées, l'essentiel est de faire prédominer dans les consciences humaines les idées les plus hautes et les meilleures. La force des idées est donc en même temps notre vraie force, à nous, êtres pensants, qui ne sommes peut-être que des idées de l'éternelle nature.

On voit quel haut problème de philosophie générale vient se dresser au-dessus des curiosités psychologiques de l'hypnotisme, ce grossissement anormal des lois de la vie sensitive et imaginative. A nos yeux, les expériences de l'hypnotisme, mieux interprétées, sont propres à nous donner tout ensemble le sentiment de notre union intime avec le monde physique et le sentiment de la puissance que le mental exerce pour sa part au sein de l'évolution universelle. Dans la condition normale et dans les conditions anormales du cerveau, mouvements et idées apparaîtront de plus en plus, croyons-nous, comme les manifestations diverses d'une même activité dont le fond est l'appétit, ou, pour parler comme Schopenhauer, le « vouloir-vivre. » Les expériences sur l'hypnotisme, comme le reconnaît M. Pierre Janet, sont une confirmation frappante de la doctrine des idées-forces, et, si ces expériences semblent d'abord nous rabaisser au rôle des machines, elles nous apprennent cependant que, par le moyen des idées, nous pouvons diriger notre mécanisme même et faire de lui le serviteur de la vie morale. A nous de savoir nous donner « l'auto-suggestion » dans le bon sens. En outre, les recherches les plus nouvelles sur l'hypnotisme à distance et sur la sympathie à distance, si elles se confirment, tendraient à cette conclusion importante, que le milieu matériel qui nous entoure est en même temps une atmosphère de vie « psychique. » Le mécanisme universel n'est donc nullement incompatible avec la force universelle des idées et des désirs [1].

Section I

La plupart des physiologistes qui soutiennent la superfluité du mental se rattachent à la doctrine évolutionniste. Or, leur hypothèse nous semble précisément contraire à la théorie de l'évolution. En effet, rien ne se développe, dans les espèces vivantes, que ce qui a pour elles une utilité pratique et vitale. Une sensation qui ne servirait pas à éveiller une tendance au mouvement, une impulsion à produire un effet extérieur, serait sans utilité pour l'être animé ; elle ne se serait donc jamais développée par sélection, avec les mouvements qui y correspondent ; elle n'aurait jamais été triée dans l'ensemble des impressions plus ou moins confuses produites en nous par le monde extérieur. La vie, à son origine, ignore absolument la contemplation : elle ne connaît que l'action. Si l'animal a des yeux, ce n'est pas uniquement pour voir, c'est pour agir et se mouvoir ; s'il a des oreilles, c'est pour être averti de ce qui peut lui être utile ou nuisible. Même aujourd'hui, la contemplation n'est encore qu'une action supérieure, en vue d'un intérêt supérieur et d'une forme supérieure de la vie. Nous ne sommes pas nés pour penser, mais pour vouloir. Toute sensation ou représentation retentit sur la vie organique elle-même, qu'elle favorise ou contrarie ; c'est pour cela, nous le verrons, que l'idée du bien-être et de la guérison peut guérir le malade, que la représentation d'un certain état des organes peut entraîner la réalité même de cet état. La philosophie de l'évolution, en refusant le pouvoir de se développer à tout ce qui n'est pas pratique, conséquemment moteur, permet donc déjà d'induire que les faits de conscience ne sont pas des reflets inefficaces, mais des moyens d'action et de mouvement, en un mot d'évolution.

En outre, admettre la complète inertie du mental, c'est supposer que, quand l'évolution est arrivée à produire ce phénomène merveilleux, la conscience, elle s'arrête là, ne va pas plus loin, ne fait plus servir ce phénomène à en amener d'autres. Par là, on pose une borne à l'évolution, et de quel droit ? Comment la nature coupe-t-elle court à sa longue série d'équations mécaniques par ce point d'exclamation, le sentiment, et par ce point d'interrogation, la pensée ?

La théorie aujourd'hui régnante est l'exagération, ou plutôt l'interprétation inexacte des conceptions de Descartes et de Leibniz. Descartes avait opposé à la pensée consciente un monde d'étendue complet et constant dans son énergie mécanique. L'harmonie préétablie de Leibniz supprima toute action « transitive » d'un être sur l'autre, pour la remplacer par deux chaînes d'actions immanentes qui se trouvent en parfaite correspondance ; mais cette correspondance même, comment l'expliquer ? On sait que Leibniz recourt à une action de Dieu sur les deux chaînes à la fois. Fort bien ; mais cette action de Dieu est elle-même transitive : la difficulté est donc simplement remontée jusqu'au clou divin où sont suspendues les deux chaînes. Plus conséquent est Spinoza, qui, au lieu de concevoir Dieu comme cause transitive du monde, le conçoit comme « cause immanente » et comme « substance. » Nous avons ainsi deux séries de modes : les modes de l'étendue ou mouvements, les modes de la pensée ou idées. Ce sont les deux aspects de la réalité admis encore aujourd'hui par tant de philosophes et de savants. Par malheur, la « substance » est, comme la force inconnaissable de Spencer, une conception qui n'explique rien ; c'est *x*. Selon nous, le monisme est vrai, mais il ne doit plus reposer sur une idée transcendante, comme celle de substance ou d'inconnaissable ; il faut lui donner une signification vraiment expérimentale. Or, à ce point de vue, l'harmonie du mouvement et de la pensée admise par Descartes, par Leibniz, par Spinoza, ne nous semble exprimer que grossièrement les deux principales classes de phénomènes auxquels, pour la commodité de notre science, nous réduisons tout le reste. N'y a-t-il pas quelque chose d'un peu puéril dans la division en deux de l'univers, dans la dichotomie du mouvement et de la pensée, qui iraient chacun de son côté et par soi, et qui se trouveraient cependant toujours parallèles ? Non, il n'existe qu'une seule et unique réalité, océan immense dont les faits dits physiques et les faits dits psychiques sont tous des flots, contribuant pour leur part à la tempête éternelle. Physique ou psychique, c'est simplement affaire de degrés. Nous appelons physique ce que nous avons, par abstraction, dépouillé le plus possible d'éléments empruntés à notre faculté de sentir et de penser ; mais où est la machine pneumatique assez puissante pour vider complètement le physique de tout élément psychique, par exemple de tout résidu de la sensation ? D'autre part, nous appelons psychique le phénomène plus complet et plus concret, plus avancé dans l'évolution, tel que nous le sentons et l'*éprouvons*, le vrai phénomène d'*expérience*, tel qu'il est pour l'expérience même et dans l'expérience, avec toutes ses qualités et rapports, — parmi lesquels, d'ailleurs, se trouvent les qualités mécaniques et les rapports mécaniques. Ainsi pris dans son ensemble, croit-on que le phénomène soit moins réel et que, en devenant fait d'*expérience*, il ne soit plus qu'un *aspect* et une *ombre* de lui-même ? Tout au contraire ; c'est là qu'il vit et se sent vivre, c'est là qu'il existe en soi et pour soi tout ensemble. Il n'a jamais été aussi réel que quand il est senti et pensé, quand il dit : Je me sens et je me pense.

De nos jours, non-seulement on suppose une séparation du physique et du mental telle que l'un pourrait exister sans l'autre, mais on admet, encore plus arbitrairement, que l'un des deux est seul l'agent, l'autre la simple représentation. L'un agirait donc sans sentir (la matière), l'autre sentirait sans agir (la conscience). Ce n'est plus le parallélisme de Leibniz, c'est la réduction du mental à un mode d'existence morte. On aboutit alors à cette étrange chose :

Alfred Fouillée

un monde de réalités doublé d'un monde de représentations ou de reflets. Où se produit le reflet mental ? Il ne peut être lui-même un pur mouvement, puisque l'on convient qu'entre un mouvement et une représentation il y a un abîme. Si, comme ce système le prétend, le mouvement est toute la réalité, comment peut-il y avoir encore au-delà des « reflets, » et des reflets qui jouissent ou souffrent, des reflets qui pensent, des reflets qui aiment ou haïssent ? Quel est ce mode paradoxal d'existence qui consiste à être reflet sans rien de plus et à exister ainsi en dehors de la réalité même ? Cette idée de reflet n'est qu'une fausse métaphore ; il n'y a pas de pur reflet ; les ombres chinoises elles-mêmes agissent, en ce sens qu'elles sont des mouvements de la lumière conditionnés par nos gestes, mais qui, à leur tour, conditionnent autre chose ; elles ne réagissent pas sur nos gestes, soit ; elles réagissent néanmoins. Bien plus, elles peuvent réagir sur nos gestes mêmes, car, si nous ne trouvons pas réussie la silhouette voulue, nous modifions le geste pour l'adapter à la silhouette. ; la petite ombre chinoise a donc coopéré, selon ses moyens, à la comédie, — plus heureuse que la pensée même du comédien, qui, selon la théorie en question, ne ferait absolument rien, elle, et qui, au moment où elle semble tout diriger, ne serait, pour ainsi dire, qu'une ombre chinoise *absolue* !

Voilà ce que nous ne pouvons admettre ; voilà ce qui nous fait considérer la théorie exclusivement mécaniste comme une fantasmagorie. Pour nous, le monde est un ; il n'y a pas d'un côté des réalités, de l'autre des ombres ; d'un côté des phénomènes et de l'autre des « épiphénomènes ; » d'un côté des *conditions* physiques nécessaires et de l'autre des *représentations* mentales superflues, qui, à leur superfluité, ajouteraient le singulier privilège de souffrir quand la machine va mal, quoique cette souffrance ne serve absolument à rien ! C'est comme si le thermomètre qui enregistre passivement la fièvre était seul à en souffrir ; il pourrait s'écrier alors : — Puisque je n'y peux rien et que ce n'est point ma faute, la nature aurait bien dû m'épargner cette façon incommode de refléter les affaires d'autrui.

Ou il n'y a dans le monde aucune vraie causalité ni activité, et alors le physique est à la même enseigne que le mental : il n'agit pas davantage, puisque rien n'agit ; ou il y a réellement dans le monde des causes et effets, tout au moins des conditions qui se conditionnent réciproquement, et alors les phénomènes mentaux, par cela même qu'ils sont conditionnés, doivent à leur tour conditionner d'autres phénomènes ; tout au moins doivent-ils se conditionner entre eux. Par exemple, la *sensation* de la chaleur doit être une condition préalable de la souffrance causée par une brûlure, et cette *souffrance* doit être la condition de mon *aversion* pour le feu, laquelle est exprimée physiquement par un mouvement de recul. On aura beau dire que la représentation mentale est un pur effet ; dans le domaine de la causalité, c'est la réciprocité qui règne : il n'y a point d'effet qui ne soit cause à son tour, il n'y a point d'action subie sans réaction exercée, de coup donné sans coup reçu ; il n'y a point de conditionné qui ne prenne sa revanche en conditionnant quelque chose. Il n'y a donc ni appétition sans mouvement, ni mouvement sans une obscure appétition ; le mouvement est un extrait du phénomène total, l'appétition en est un autre extrait, avec cette différence que l'appétition représente quelque chose de beaucoup plus fondamental et qu'elle est, pour le philosophe, la vraie cause. A coup sûr, lorsque Shakspeare écrivait le vers : *To be or not to be*, il n'y avait pas une de ses idées, pas un de ses sentiments qui n'eût pour corrélatif un mouvement des molécules cérébrales, explicable (comme mouvement) par l'état mécanique antérieur de ces molécules. Mais, en même temps, chaque état mécanique impliquait un état psychique des molécules cérébrales, et, pour résultante, un état général de la conscience. Le mécanique, comme tel, s'explique mécaniquement et est l'objet des sciences de la nature ; le psychique, comme tel, s'explique psychologiquement et est l'objet des sciences de l'esprit ; mais, au point de vue de la réalité concrète, qui est celui où se place la philosophie générale, le psychique et le mécanique sont toujours unis, et c'est le premier qui est le fondement du second. Tel est le principe essentiel de la théorie des idées-forces. — De même, quand Napoléon bouleversait l'Europe, il y avait sans doute dans son cerveau quelque chose qui correspondait exactement à ses désirs et à ses desseins ; et c'est ce quelque chose qui a mis en mouvement sa plume ou sa langue, par suite d'autres cerveaux, et enfin les bras et les jambes de tant de milliers d'hommes ; « dès lors, a-t-on dit, tout s'est passé dans le monde des apparences sensibles comme si Napoléon et ceux qu'il a fait tuer n'avaient ni volonté ni

Alfred Fouillée

pensée. » — Oui, *comme si…* et dans le monde des *apparences*. C'est de même que Newton disait : tout se passe comme si le soleil et la terre s'attiraient ; il aurait même pu dire avec Empédocle : s'aimaient l'un l'autre en raison directe des masses, etc. Il n'en est pas moins vrai que les *comme si* expriment de simples hypothèses. On pourrait dire inversement : les guerres de l'Europe se sont passées, au point de vue mental, comme s'il n'y avait eu que des pensées et des volontés en jeu. Ce sont là des fictions analogues à celles de l'algèbre, qui se jouent autour des choses. On pourrait imaginer aussi que les guerres de l'empire se sont passées comme s'il n'y avait eu que des phénomènes lumineux, images de batailles, etc., sans phénomènes sonores, ou sans phénomènes de contacts. Ces abstractions hypothétiques sont permises pourvu qu'on les prenne pour ce qu'elles sont ; mais la doctrine que nous combattons, c'est celle qui dit : tout se serait passé réellement dans le monde de la même manière, *s'il n'y avait pas eu de volonté ou de pensée*, et la pensée est un épiphénomène tardif, un éclairage de luxe. Cette doctrine, en effet, n'est plus une fiction de mécanique abstraite, elle est une théorie philosophique, métaphysique et selon laquelle le mental ne serait vraiment qu'un accident de surface ou un aspect additionnel du physique, ce dernier étant seul réel. A notre avis, au contraire, c'est l'appétition qui est la réalité même, et le mouvement est, au point de vue philosophique, un effet extérieur, dérivé du conflit des appétitions.

En somme, nous n'admettons pas de brèche au mécanisme par une intervention *directe* et en quelque sorte *mécanique* du mental dans le physique même, mais nous n'admettons pas davantage deux règnes parallèles avec harmonie préétablie ; nous croyons que le mental est le fond, et que le mécanique pur est une forme de représentation, un symbole à l'usage de la pensée.

Section II

Au point de vue des tendances philosophiques, la rivalité de l'école de Paris et de l'école de Nancy n'est qu'une application à un cas particulier du grand problème concernant le physique et le mental. L'école de Paris ne considère les phénomènes de conscience que comme les *indices* des mouvements organiques, sans action propre. L'idée, dit par exemple M. Binet, « n'est qu'une *apparence*, mais derrière elle se cache l'énergie développée par une excitation physique antérieure. » M. Richet parle de même. L'école de Nancy, elle, attache beaucoup plus d'importance au mental ; elle a même contribué à mettre en évidence l'action de l'idée dans l'hypnotisme et, par extension, dans les phénomènes de la vie normale ; mais elle ne semble pas toujours se souvenir que l'idée n'agit point mécaniquement, à la manière d'une bille qui en pousse une autre. Nous venons de le voir, ni la conception des faits de conscience comme purs reflets, ni leur conception comme intervenant directement dans la trame mécanique des phénomènes, ne représentent exactement le vrai mode d'action des faits de conscience, le vrai rapport du physique au mental. Quand on ne s'occupe, par abstraction, que des relations physiques ou mécaniques, il est clair qu'il ne faut introduire dans le problème que des données mécaniques, — masse, vitesse, etc., — et non pas des faits de conscience ; mais, d'autre part, quand on considère les relations et qualités d'ordre psychologique, il ne faut pas s'imaginer que les lois du mouvement suffisent à en rendre compte. On ne demande pas quelle est la couleur d'un son : il ne faut pas demander davantage quelle est la force mécanique d'un fait de conscience, et pas davantage quelle est la force psychique d'un phénomène mécanique. Sans prétendre ici faire la complète psychologie de l'hypnotisme (ce qui, en l'état actuel de la science, paraît impossible), nous voulons suivre dans leurs applications à un état anormal les principes généraux de ce qu'on a appelé « l'automatisme psychologique. »

Rappelons d'abord que le cerveau est régi par deux grandes lois : l'excitation et l'arrêt (ou « inhibition »). L'excitation du cerveau sur un point déterminé produit par cela même un arrêt sur d'autres points du cerveau ou du système nerveux. Enlevez à un animal ses hémisphères cérébraux, l'excitabilité réflexe de la moelle épinière sera augmentée ; la moindre excitation produira des convulsions énergiques. De même qu'il y a ainsi dans le cerveau des ondes vibratoires qui se contrarient et s'annulent, il y a dans la conscience des idées et tendances qui se font opposition et peuvent même se neutraliser. La conscience, elle aussi, est régie par deux grandes lois : concours des forces mentales et conflit des forces mentales.

Ces lois du cerveau et de la conscience s'appliquent au sommeil, naturel ou artificiel. Chaque cellule cérébrale est comme un homme dans une foule pressée qui joue des coudes pour se maintenir et s'avancer dans sa direction propre. Paralysez un groupe d'hommes dans la foule sur un point important, ils n'opposeront plus de résistance aux mouvements du reste de la foule, et la résultante générale sera modifiée en faveur de ceux qui auront conservé l'usage de leurs membres. C'est précisément ce qui a lieu dans le sommeil naturel et dans le sommeil provoqué, où certaines parties du cerveau, celles qui président à la direction des pensées et des actes, sont réduites à un état d'arrêt plus ou moins considérable.

Le sommeil hypnotique peut être produit par des causes physiques, telles que la fixation d'un objet ou une stimulation monotone : on peut ainsi endormir un enfant ou un animal, qui n'a point d'avance l'idée de ce qui va se passer. Mais, si l'on y regarde de plus près, il y a encore ici un élément psychique. La fixation du regard, étant une fixation de l'attention même, produit une sorte d'idée fixe ou de « monoïdéisme » artificiel ; aussi peut-on soutenir que, même en ce cas, il y a une cause psychologique à l'hypnotisme. Les excitations uniformes des sens émoussent la sensibilité ; c'est une loi générale : une sensation d'odeur uniforme et répétée finit par user l'odorat ; de même pour le goût. On connaît le phénomène de la crampe. La concentration de la volonté et de l'attention sur une idée quelconque amène la fatigue de l'attention en ce sens, la crampe de la volonté. Le phénomène est encore plus manifeste quand l'idée fixe est celle même du sommeil, qui est l'affaissement du vouloir. Nous avons alors : 1° une volonté que sa tension fatigue et porte à se détendre, et 2° un ensemble simultané de sensations de détente constituant l'idée du sommeil. A cette idée répond bientôt une sorte de distension cérébrale qui est le sommeil commençant, et qui, par contagion, envahit à la fin l'organisme.

Il y a une façon d'hypnotiser qui est manifestement produite par l'influence de l'idée, et c'est la plus fréquente lorsque le sujet a été déjà plusieurs fois endormi par le procédé des passes ou de la fixation : il suffit alors du commandement : *Dormez* ! pour produire le sommeil. Même les sujets neufs peuvent être endormis par la simple suggestion de l'idée du sommeil : c'est le procédé familier à l'école de Nancy. A plus forte raison, les sujets chez lesquels la suggestibilité hypnotique est très développée s'endorment-ils pour peu qu'on leur donne l'idée de dormir. Qui ne sait qu'on peut les hypnotiser par correspondance, en leur affirmant, par exemple, qu'aussitôt la lettre lue ils dormiront ; qu'on peut même les hypnotiser par téléphone, comme l'a fait M. Liégeois. Quelques personnes s'hypnotisent sous le chloroforme avant d'être chloroformées. Les gens du peuple, les cerveaux dociles, les anciens militaires, les artisans, les sujets habitués à l'obéissance passive sont, selon MM. Liébeault et Bernheim, plus aptes à recevoir la suggestion de l'idée que les cerveaux raffinés, qui opposent une certaine résistance morale, souvent inconsciente. C'est qu'il faut que l'idée du sommeil ne soit pas annulée par une idée contraire. L'idée artificiellement isolée finit alors par provoquer une sorte de suspension des autres idées, laquelle se manifeste par la paralysie partielle du cerveau.

Sans doute l'idée du sommeil, *comme telle*, n'agit pas *physiquement* sur les organes, et, du point de vue particulier des sciences de la nature, on ne saurait admettre, avec M. Bernheim, qu'une idée « actionne le cerveau ; » ce sont les *mouvements* corrélatifs de l'idée qui agissent physiquement sur le cerveau et s'y irradient. Mais, au point de vue général de la philosophie, l'idée du sommeil n'est pas pour cela, comme le croit l'école de Paris, un simple « reflet » de mouvements qui pourraient aussi bien exister sans aucun contenu mental ; il y a là des parties également nécessaires d'un même tout, et on n'a pas le droit de déclarer que l'une ou l'autre est un reflet superflu. C'est passer indûment du point de vue de la mécanique au point de vue de la philosophie, et d'une philosophie inexacte. — Pourtant, nous dira-t-on, une idée est, pour un philosophe, un ensemble de sensations renaissantes ; or, comme les sensations dépendent des excitations périphériques, l'idée elle-même, qui nous paraît interne, dépend tout entière des excitations externes : elle emmagasine donc simplement l'action du dehors sur nous. — Cette opinion, soutenue par MM. Binet et Féré, n'est encore que la moitié de la vérité. Une idée n'est pas seulement « un ensemble de sensations renaissantes, » elle est aussi un ensemble d'appétitions renaissantes, et c'est ce fait même qui est le point de départ de la théorie des idées-forces. Il n'y a pas d'action du dehors sur nous qui ne provoque une réaction interne sous forme d'impulsion ou d'aversion : rien ne nous laisse indifférent et passif, du moins à l'origine, et la sensation même, avec son caractère agréable ou pénible, présuppose l'appétit vital, dont elle provoque infailliblement la réponse en un sens ou en l'autre, l'assentiment ou le refus. C'est pour cela, selon nous, qu'il y a une *force* dans les idées, un *vouloir* qu'elles recouvrent et dirigent, et qui, extérieurement, se manifeste par les mouvements de réaction cérébrale. L'idée du sommeil, par exemple, quand elle nous vient naturellement le soir, est bien un ensemble de sensations de fatigue, mais c'est aussi un ensemble d'appétitions de repos. S'il n'y avait pas, dans chacune des cellules cérébrales, cette sourde sensation de lassitude avec ce sourd besoin de réparation, ce malaise avec cette tendance au bien-être, il ne se produirait aucun arrêt de mouvement dans l'activité cérébrale. Au point de vue mécanique, tout mouvement ou arrêt de mouvement s'explique par des mouvements antérieurs ; mais, au point de vue philosophique, tout mouvement ou arrêt de mouvement s'explique par les sensations et impulsions internes dont il est la traduction visible pour un spectateur du dehors.

La paralysie introduite par l'hypnotiseur dans le cerveau développe bientôt toutes ses conséquences, à la fois mentales et physiques. Dès que la somnolence se fait sentir, si l'hypnotiseur dit : — Vous ne pouvez plus ouvrir les yeux, et si, dans le cerveau déjà affaibli et en train de se vider, cette affirmation entraîne l'idée d'une complète impuissance, le sujet a beau faire effort pour ouvrir les yeux, il n'y parvient plus. L'idée fixe des yeux invinciblement clos a pour corrélatif un certain état nerveux descendu du cerveau vers les yeux mêmes qui s'y sont accommodés : cette idée, par les vibrations qui en sont inséparables, a immobilisé, dans le clavier cérébral, la touche qu'il faudrait presser pour ouvrir les yeux. De même, la parole : « Réveillez-vous ! » est une excitation extérieure qui tombe sur un point explosif du cerveau et y provoque, avec l'idée du réveil, les premières sensations et premiers mouvements du réveil. Le vertige se dissipe et la personne se retrouve. Il y a un tel changement à vue, que tous les rêves du somnambulisme s'abîment à la fois dans les sous-sols du théâtre cérébral, prêts à reparaître sur la scène par une nouvelle évocation. Ici encore, l'idée du réveil agit par les sensations renaissantes et impulsions renaissantes qu'elle enveloppe, et auxquelles répondent, du côté physique, des mouvements en tel sens déterminé.

Le sommeil provoqué, à en croire M. Bernheim, ne dépendrait pas de l'hypnotiseur, mais du sujet : « C'est sa propre foi qui l'endort. Nul ne peut être hypnotisé contre son gré, s'il résiste à l'injonction. » Il y a là une exagération. M. Ochorowicz déclare avoir plusieurs fois endormi « des personnes qui ont résisté de toute leur énergie. » C'est que l'influence de l'idée-force subsiste encore là où le consentement de la volonté manque. L'idée d'un sommeil extraordinaire, dû au pouvoir merveilleux d'un magnétiseur, produit son effet de vertige sur celui même qui y résiste. Il y a un manque de confiance en soi, un doute qui subsiste, puis une soumission inconsciente, ou du moins involontaire, et M. Ochorowicz a raison de dire : « Dès qu'un sujet est sensible et que vous lui suggérez *l'idée du sommeil*, cette idée peut *réaliser le sommeil* malgré son opposition [2]. » C'est une sorte de fascination qui fait qu'une idée à laquelle on ne consent pas s'impose quand même et se traduit au dehors.

Quelque influence que nous venions d'attribuer aux idées et, par conséquent, à la suggestion dans l'hypnotisme, nous n'allons pourtant pas jusqu'à nier, comme le fait l'école de Nancy, ce qu'il y a d'original dans la condition physiologique de l'hypnotisé. Il se produit alors un changement dans l'équilibre nerveux qu'on ne saurait expliquer par la simple suggestion psychologique et qui, au contraire, devient la condition préalable de cette suggestion. De même, dans le sommeil ordinaire, quelque rôle que jouent les idées, il est clair que leur forme hallucinatoire et leur combinaison en rêves présupposent un certain état physiologique, qui est le sommeil même. Nous pensons donc que la théorie de la suggestion explique les phénomènes psychiques de l'hypnotisme, *une fois donné* l'état hypnotique lui-même ou la prédisposition hypnotique, qui, quoi qu'en dise l'école de Nancy, implique un état anormal et un manque d'équilibre nerveux. Pour qu'une idée soit rendue si aisément impulsive, pour qu'elle soit si aisément isolée et grossie, il faut que la santé mentale soit facile à troubler.

Section III

Des causes de l'hypnotisme, passons à ses effets. Nous avons vu que le sommeil provoqué arrête la faculté même d'arrêt qui appartient à l'écorce cérébrale : c'est comme si on avait amputé ou paralysé les centres directeurs ; on a alors l'inhibition du pouvoir normal d'inhibition. Les images actuelles ne rencontrent donc plus d'antagonisme : elles deviennent les seuls moteurs de la machine cérébrale. C'est, dans sa plénitude, la réalisation du règne des idées-forces.

Le phénomène de la catalepsie est celui qui manifeste le mieux cet état d'absorption dans une idée, et dans l'acte correspondant qu'on nomme le monoïdéisme. Alors éclatent les deux lois fondamentales des idées-forces, qui sont que toute idée exclusive et isolée entraîne toujours : 1° le mouvement où elle se traduit ; 2° la croyance à la réalité de son objet. On sait que Condillac supposait une statue en qui on introduirait une sensation et seulement une sensation ; eh bien, dit avec raison M. Pierre Janet, Condillac n'a point deviné le phénomène principal que cette sensation allait produire : il n'a pas dit qu'à chaque sensation nouvelle la statue allait se remuer. « La plus simple expérience nous montre tout de suite ce phénomène important. Que, dans une conscience vide, survienne une sensation quelconque produite par un procédé quelconque, et aussitôt il y aura un mouvement. » Telle est la loi que manifestent les phénomènes les plus simples de la catalepsie. Soulevez le bras d'un cataleptique, il conserve son attitude ; mettez-le en mouvement, il continue ce mouvement. Les forces physiques de la pesanteur tendraient à faire tomber le bras soulevé ; il faut donc une contraction persistante des muscles pour maintenir le bras. Qu'est-ce qui peut donner à ces contractions leur unité et leur persistance ? M. Pierre Janet ne voit d'autre réponse que la suivante : — C'est une sensation persistante. « Ainsi, ajoute-t-il, se vérifie par l'expérimentation une des idées les plus fécondes d'un de nos philosophes, qui a dit (dans *la Liberté et le Déterminisme*) : — « Toute idée est une image, une représentation intérieure de l'acte ; or, la représentation d'un acte, c'est-à-dire d'un ensemble de mouvements, en est le premier moment, le début, et est ainsi elle-même l'action commencée, le mouvement à la fois naissant et réprimé. L'idée d'une action possible est donc une tendance réelle, c'est-à-dire une puissance déjà agissante et non une possibilité purement abstraite. »

Toutefois, nous ne saurions admettre entièrement l'explication que M. Pierre Janet donne des phénomènes cataleptiques et hypnotiques. En premier lieu, nous ne croyons pas que la conscience de la personne cataleptique puisse être proprement déclarée « vide, » analogue à la statue de Condillac : ce vide prétendu est une plénitude, un ensemble de tendances vitales et d'impulsions confuses produisant la sourde rumeur de la vie végétative et animale, et qui ne peuvent cesser qu'avec la vie même. La personne en catalepsie conserve toujours le « vouloir-vivre. » Nous ne pensons pas qu'une sensation puisse se produire dans un être vivant sans affecter l'appétit vital : la sensation n'est même, selon nous, qu'une certaine affection de cet appétit ; ce n'est pas un phénomène suspendu en l'air et détaché, c'est la vibration totale d'un organisme vivant et sentant. Bien plus, une sensation ne saurait être consciente sans provoquer une certaine *attention* de l'être conscient, et l'attention est un acte de la volonté. Dans la catalepsie, la sensation unique absorbe toute la somme d'attention dont le sujet est resté capable, et en même temps toute sa volonté. Nous avons donc, en définitive, outre la sensation musculaire du bras tendu, admise par M. Pierre Janet, direction simultanée de l'attention et de l'appétition dans le sens de cette sensation même. De là vient, selon nous, la contraction persistante, c'est une résultante extérieure et mécanique qui exprime au dehors la résultante interne et mentale. En un mot, la conscience n'ayant plus dans son obscurité qu'une seule image claire et distincte, la sensation du bras tendu, la volonté n'a plus rien autre chose à apercevoir et à vouloir que cette sensation présente du bras tendu : elle est donc toute à cette sensation, qui persiste, et elle fait ainsi persister l'attitude même du bras. C'est un cas de volonté sans choix et unilinéaire d'appétit déterminé en un seul sens, mais c'est toujours de l'appétit et de la volonté, non un état de sensation passive. Le mouvement simultané dans le bras tendu est la manifestation externe de l'appétit vital, non pas seulement de la sensation et de l'excitation périphérique.

Après la continuation d'une attitude ou d'un mouvement, le

second phénomène remarquable que présente la catalepsie est l'imitation et la répétition des actes. Nouvel exemple de la force des idées et images ; au lieu de lever le bras du sujet, l'hypnotiseur lui montre son bras levé, et l'hypnotisé met le sien lui-même dans une position identique, c'est que la vue du bras levé est une excitation sensitive et impulsive qui, introduite dans le cerveau, doit nécessairement se dépenser ; or, elle ne peut se dépenser en éveillant une autre idée, une autre forme cérébrale, parce que le cerveau est trop engourdi ; la voie naturelle qu'elle prend est donc la voie centrifuge, et la direction précise qu'elle prend est celle du bras, parce que l'image du bras et le bras sont en rapport immédiat.

Il y a d'ailleurs des cas où les choses se passent un peu autrement. Si le cerveau n'est pas complètement engourdi, l'excitation produite par la vue d'un mouvement, au lieu de se dépenser en un simple mouvement imitatif, peut se dépenser aussi en autres idées associées, qui, elles-mêmes, entraînent les mouvements associés. Joignez les mains de la cataleptique, cette sensation des mains jointes entraînera l'idée de la prière avec l'attitude correspondante, puis l'idée de la communion avec l'attitude correspondante, etc. L'association des idées ou des actes a pour base, selon nous, l'association plus profonde des sentiments ou des impulsions ; celle-ci, à son tour, a pour cause un état général de la conscience, une direction générale de la volonté. Celle-ci enfin, une fois produite, tend à persister et à s'exprimer au dehors. L'ensemble d'images et de mouvements constituant l'état général de la volonté dans la *dévotion* est donc suscité par la sensation des mains jointes, et, une fois produit, il devient le mobile de toute une scène où les attitudes diverses de la dévotion se succèdent et s'enchaînent. Là encore le physique et le mental sont inséparables : ce sont deux rapports différents d'une même série de faits.

En vertu de la théorie des idées-forces, de même qu'il n'y a jamais sensation, idée, hallucination sans un mouvement correspondant, de même il n'y a jamais abolition d'une sensation ou d'une idée, jamais d' « anesthésie » ou d' « amnésie, » sans une suppression ou une modification de mouvements correspondants, par conséquent sans une paralysie : si j'ai oublié le nom ou la place d'un objet, je ne puis pas prononcer ce nom, ni faire le mouvement pour prendre l'objet à sa place. C'est ce que M. Pierre Janet a fort bien montré.

Une hystérique qui perd complètement le souvenir de toute espèce d'images verbales, ou qui perd toute sensibilité d'un membre, ne peut plus parler ou ne peut plus remuer ce membre. « Ici encore le côté extérieur et visible de l'activité humaine n'est que l'ombre de son activité intérieure et psychologique[3]. »

La paralysie nerveuse est, du côté mental, une perte de souvenir, une amnésie ; dans la réalité des choses, que considère le philosophe, le mouvement des membres étant déterminé par la succession de certaines images conscientes, il suffit, pour perdre le mouvement, d'*oublier* ces images « motrices. » — « En réalité, ces deux choses, l'oubli et la paralysie, ne sont qu'un seul et même phénomène considéré de deux côtés différents, comme l'image et le mouvement[4]. » En d'autres termes, à toute suppression d'idée répond une suppression de force motrice, comme à toute introduction d'idée répond une production de mouvement.

L'hypnotisme confirme encore une dernière conséquence de la loi des idées-forces, qui veut que toute idée non contre-balancée par une autre apparaisse comme une réalité, soit projetée immédiatement dans le monde extérieur. A l'état de monoïdéisme, de même que la conscience est réduite tout entière à une sensation, de même le monde extérieur est tout entier réduit à une image. De là les hallucinations des hypnotiques. Toute hallucination qui leur est suggérée semble vivre d'une vie propre et se développer par le ressort intérieur des associations d'images répondant aux associations de mouvements. Vous faites boire au sujet, sous le nom de Champagne, un verre d'eau vinaigrée, il trouve le Champagne excellent et finit même par présenter tous les signes de l'ivresse. Inversement, une ivresse réelle peut être dissipée par suggestion. Un flacon d'ammoniaque présenté comme eau de Cologne prend une odeur délicieuse ; une poudre noire présentée comme prise de tabac, ou même simplement l'idée du tabac, provoque l'éternuement. L'hallucination suggérée peut être suivie d'une image consécutive, comme si c'était une sensation réelle : suggérez l'hallucination d'une croix rouge sur du papier blanc, le sujet, en regardant une autre feuille de papier, verra une croix verte. La vibration cérébrale a donc produit un courant centrifuge dans les nerfs optiques. L'hallucination peut être doublée par un prisme ou un miroir, amplifiée par une lentille ; tracez un trait sur une carte

Alfred Fouillée

blanche et dites au sujet que c'est la photographie de Victor Hugo, il apercevra la photographie. Placez une loupe sous les yeux du sujet, il verra la photographie grossir ; le prisme la lui fera voir double. M. Binet explique ces faits par le « point de repère » que fournit le petit trait noir tracé sur la carte et qui est devenu le noyau de l'hallucination. M. Binet pense même que toute hallucination a ainsi un point de repère extérieur et a son origine dans quelque trouble de l'organe du sens ; ce qui nous paraît une exagération. Les phénomènes hypnotiques prouvent précisément que des images toutes cérébrales peuvent être projetées sous forme d'objets réels.

Inversement, des sensations réelles peuvent être abolies par la seule idée qu'elles n'existent pas. On peut arracher des dents, amputer un bras, en affirmant au sujet endormi qu'il ne sent rien. On peut abolir la sensation de la faim : un patient est resté ainsi quatorze jours sans nourriture. Sa foi seule le nourrissait. La force de l'idée, et de la croyance qui accompagne nécessairement toute idée non contredite par une autre, reçoit dans toutes ces expériences la plus éclatante confirmation.

Section IV

L'influence des idées sur la vie organique atteint dans l'hypnotisme son plus haut degré et produit les effets les plus curieux, les plus propres à montrer que le mental se retrouve au fond du physique. Notre conscience, à l'état de veille normale, est formée par un ensemble de sensations venant à la fois du dehors et du dedans, mais celles du dedans et de la vie végétative sont obscurcies par les autres comme les étoiles par la lumière du soleil. En supprimant ou en restreignant, par l'hypnotisme, la communication du cerveau avec l'extérieur, on rend possibles de nouvelles perceptions fournies par les organes et dont la succession peut constituer une nouvelle existence, différente de l'ordinaire. La vie mentale reflue à l'intérieur. C'est comme un changement de position par lequel l'œil de l'esprit est retourné du dehors au dedans. Les seules vues sur le dehors sont celles qu'ouvre la parole de l'hypnotiseur, qui se trouve ainsi l'unique évocateur et conducteur des idées. Une foule de sensations organiques et de réactions du cerveau sur les organes internes peuvent alors acquérir un relief inaccoutumé. Le rayon de l'idée va devant soi, jusqu'au bout, sans obstacle ; il va jusqu'à l'organe qui est en rapport avec lui, il y exerce son action, il le modifie dans son propre sens. Au lieu d'agir directement sur la partie du corps inaccessible, l'hypnotiseur agit indirectement par l'idée de cette partie, introduite dans le cerveau et réfléchie du cerveau sur la partie elle-même. Il pétrit et reforme l'organe non plus avec la main, mais avec une idée transmise au cerveau, puis à l'organe.

C'est pour cela que l'hypnotisé reprend sur sa vie végétative l'empire qu'il avait perdu, par l'habitude d'être tout entier à la vie de relation. Il redevient maître de ses organes et, par la seule idée de tel ou tel état, il peut provoquer cet état. L'idée, étant alors seule, est souveraine sur son expression interne et, autant que l'état des organes le permet, elle s'y exprime et s'y réalise. Le petit rayon de l'étoile qui, en plein jour, ne se laissait point voir, redevient visible dans cette nuit ; de plus, il n'y brille que l'étoile évoquée par la parole de l'hypnotiseur.

Pour mieux comprendre cette étonnante influence du mental sur le physique, rappelons qu'à l'origine tous les organes étaient plus ou moins sous la dépendance de la volonté et que tous leurs états retentissaient plus ou moins dans la conscience. Chez les animaux inférieurs, les fonctions rudimentaires du cœur et de la respiration ne s'accomplissent point, comme chez nous, d'une façon tout automatique : elles se produisent, à des intervalles plus ou moins réguliers, sous l'influence directe d'appétits relatifs à la nutrition, par conséquent sous une influence mentale en même temps que physique. Chez certains hommes, les battements du cœur sont encore soumis à la volonté et peuvent être suspendus. De même, nous pouvons tous suspendre volontairement le rythme devenu automatique de la respiration. Nous ne remarquons point les sensations produites par les battements normaux du cœur et par la respiration normale ; mais ces sensations, aujourd'hui affaiblies, n'en existent pas moins dans la conscience générale, confondues avec la masse des autres sensations. A l'origine, il est probable que la conscience de l'animal était avertie de tous les incidents de sa vie végétative, non pas seulement de ceux qui se rapportent à la vie de relation : il avait le sens du corps plus développé et plus différencié ;

il sentait son existence, il sentait le travail des glandes ; il percevait tous ses chargements internes, en jouissait ou en souffrait. Chaque mouvement, en un mot, s'accompagnait d'un sentiment quelconque et d'une représentation plus ou moins confuse ; d'autre part, toute représentation mentale était inséparable d'un mouvement effectué dans les membres. Encore aujourd'hui, tous nos organes et tous les mouvements de nos organes ont leurs représentons au cerveau dans des idées actuelles ou possibles, distinctes ou indistinctes, séparées de la masse ou confondues dans la masse ; ils exécutent leur partie dans le concert vital de la conscience. Notre cœur n'est pas seulement dans notre poitrine, il est aussi dans notre tête, par l'idée même que nous en avons, par les cellules cérébrales avec lesquelles l'innervation nerveuse le met en rapport. Aussi l'idée d'un mouvement ou d'un repos dans l'organe est-elle, comme nous l'avons reconnu, le premier stade de la réalisation du mouvement ou du repos [5].

On voit qu'en supprimant la vie de relation, qui n'a plus d'autre ouverture sur le dehors que l'idée introduite par l'hypnotiseur, l'hypnotisme doit surexciter le sens du corps et de toutes les parties du corps qui dépendent du système nerveux. Une personne est menacée d'une bronchite : elle ressent des chatouillements dans la poitrine et des envies de tousser ; de petits coups frappés çà et là sur la cage thoracique provoquent la toux ; mais cette exploration est vague et incomplète ; la même personne est-elle hypnotisée : à l'instant, dit M. Delbœuf, « elle prend pour ainsi dire connaissance de son être interne. Elle saisira le doigt de l'hypnotiseur et le promènera avec précision sur tous les points irrités [6]. »

Il y a donc là une acuité exceptionnelle du sens vital. Maintenant, que l'hypnotiseur emploie la suggestion de l'idée : qu'il déclare à la personne, dans un certain nombre de séances, que l'irritation va disparaître, que l'envie de tousser cessera, que le mal n'est plus, qu'elle ne souffre plus. Cette idée du bien-être, tellement intense qu'elle va jusqu'à l'hallucination, obscurcit la douleur, devient une idée-force capable de produire à la longue des effets physiologiques en rapport avec sa propre nature : la persuasion du bien-être, c'est le bien-être qui commence, c'est le calme qui succède à l'orage intérieur, c'est la guérison qui se prépare au sein même de la maladie. En d'autres termes, c'est un ensemble de mouvements par lesquels l'être vivant reprend possession de soi ; l'idée réagit contre l'influence morbide, hausse le ton vital, comme un musicien inspiré qui traduit son inspiration par les sons les mieux adaptés ; tout l'organisme se relève, se tend, se renforce : l'idée de la santé a fait renaître la santé même.

Les phénomènes électriques d'induction prouvent que tel ou tel mouvement peut se reproduire au loin avec la même force et la même direction, sans communication immédiate et visible : l'idée d'une modification organique, qui est une forme de mouvement dans le cerveau et un dessin cérébral, peut donc produire par induction, du côté de la périphérie, cette modification organique à laquelle elle a été associée. Tout le monde connaît l'expérience du sinapisme imaginaire. On persuade à une hypnotisée qu'on lui a mis un sinapisme ayant la forme d'une S ou celle d'une étoile ; on lui applique sur la peau un papier ordinaire, et le résultat final est une rougeur en forme d'S ou d'étoile. C'est donc bien ici une idée qui s'est réalisée, une forme de rougeur représentée qui est devenue une rougeur réelle. Comment nier l'influence que le mental exerce par ses conditions physiques sur le physique, et qui n'aurait pas lieu dans la réalité si le mental n'existait point ? Il faut bien admettre une contagion des ondulations cérébrales, correspondantes aux images, qui parcourt en sens inverse la ligne de la sensation normale : au lieu d'aller de la périphérie au centre, elle va du centre à la périphérie. L'hypnotisée se représente avec intensité une brûlure, un vésicatoire, un stigmate ; elle finit par sentir la brûlure et par la réaliser ainsi dans ses effets cérébraux ; puis l'effet devient cause, et la chaleur sentie dans le cerveau va rayonnant jusqu'à la peau même, dans telles limites déterminées par ce que les psychologues appellent « les signes locaux. » De même qu'on produit, par la suggestion de l'idée, les effets d'un vésicatoire, de même on peut, par suggestion, empêcher les effets d'un vésicatoire réel et le développement des phlyctènes. Il faut donc supposer que la persuasion profonde de l'impossibilité d'une vésication, en produisant une sorte de résistance tout le long du système nerveux et en haussant le ton des fonctions végétatives, a pu contre-balancer l'effet irritant des cantharides : c'est là un des exemples les plus frappants de la force que peut avoir une idée, par les sensations et impulsions affaiblies qu'elle renferme et qui se

Alfred Fouillée

renforcent à un moment donné.

Il est facile d'en conclure que, pour se guérir d'un mal, la première condition est de se persuader ou que le mal n'existe pas ou qu'il n'est pas grave. L'idée du mal, au contraire, tend à produire et à aggraver le mal même. M. Delbœuf a insisté avec raison sur l'effet fâcheux de la souffrance, qui, entretenant l'idée du mal, entretient le mal même et occasionne, en tout ou en partie, les accidents consécutifs. La douleur qui prend naissance au point affecté ne tarde pas à étendre la lésion, puis « fait avalanche. » Qu'on enlève ou atténue la douleur, on enlèvera ou on affaiblira l'un des facteurs du mal organique. Même dans l'état normal, nous « créons l'agrandissement de la plaie à force de la sentir et d'avoir notre attention fixée sur elle. » L'hypnotisme, qui distrait cette attention, opère en sens inverse de la douleur : il diminue le mal en faisant que nous n'y songions plus. On explique aussi par là, dans une certaine mesure, une partie de l'action des remèdes ordinaires. En calmant les symptômes, les remèdes calment l'esprit, et peut-être leur attribue-t-on parfois une efficacité qui est due « à l'imagination tranquillisée du malade. » Il y a donc du bon même dans la médecine des symptômes [7].

Considérés philosophiquement, ces faits prouvent, une fois de plus, que la douleur et la pensée ne sont pas, dans la nature, des « épiphénomènes » sans influence, dont l'être vivant pourrait se passer. Douleur et idée impliquent certains « processus » de l'organisme qui ont leur action propre dans le résultat final. « L'intelligence, dit M. Delbœuf, réagit sur les organes de relation ; le rêve et l'hallucination ne sont, pour ainsi dire, que les phénomènes habituels retournés, où la cause devient effet, où l'effet devient cause. Jusqu'où peut aller ce rôle inverse ? Voilà la question. Dans certains cas exceptionnels et morbides, ne peut-il pas se faire qu'à la *sensation* éprouvée se joigne la *modification organique* correspondante ? » — Non-seulement, répondrons-nous à M. Delbœuf, cela peut se faire, mais, selon la théorie des idées-forces, cela doit se faire : la sensation éprouvée est, du côté physique, une modification de l'organe ; si la sensation est douloureuse, c'est une modification organique en un sens opposé au mouvement de la vie ; si la sensation est agréable, c'est une modification organique qui relève la puissance vitale. L'image, l'idée, la sensation du mieux, c'est la réalisation du mieux. Le mental et le physique ne font qu'un dans la réalité concrète ; il n'y a point de mouvement du corps qui n'ait sa contre-partie mentale ; il n'y a point de fait mental qui n'ait son efficacité organique.

Section V

Nous allons maintenant voir la chaîne indivisiblement physique et psychique se continuer d'un individu à l'autre, les relier ainsi d'un lien à la fois matériel et mental. Il y a des faits étranges de communication entre les cerveaux et, par cela même, de communication entre les consciences.

Entre l'hypnotiseur et l'hypnotisé s'établit une sympathie particulière qu'on appelle le rapport magnétique. Ce rapport consiste dans l'impression permanente laissée par les relations que l'hypnotisme a établies entre les deux personnes. Le cerveau de l'hypnotisé reconnaît l'action de l'hypnotiseur à des signes subtils, qui échappent à tout autre et dont il ne saurait lui-même rendre compte. Ce sujet est souvent aveugle ou sourd à la présence et à la voix de tout autre que l'hypnotiseur ; il ne voit et n'entend que ceux qui sont mis par ce dernier *en rapport* avec lui. Un sujet très sensible suivra l'hypnotiseur tout autour de la chambre ou dans la maison ; il pourra même, assis dans un fauteuil, suivre avec la tête, comme une aiguille aimantée, la marche de l'hypnotiseur autour de la maison. Il montrera en son absence un malaise particulier. Au milieu d'un vacarme de voix, il distinguera le chuchotement de l'hypnotiseur, imperceptible pour toute autre oreille. Il est clair, cependant, que ce chuchotement produit son effet dans la conscience de tous les assistants, qui le remarqueraient s'il était seul, et qui ne le remarquent pas perdu dans l'ensemble. C'est que ce chuchotement ne touche aucun point pour ainsi dire explosible de leur cerveau. Au contraire, dans le cerveau de l'hypnotisé, il y a un point toujours prêt à vibrer et à répondre : c'est l'idée permanente de l'hypnotiseur, avec l'impression particulière qu'elle produit. Tout ce qui est en relation avec cette impression et cette idée provoque la réaction sympathique de l'hypnotisé ; tout ce qui n'est pas en rapport avec cette idée est comme s'il n'existait pas. C'est un monopole, un accaparement de la conscience, une inhibition de tout le reste par l'idée-force du pouvoir appartenant à l'hypnotiseur. M. Pierre Janet suggère à Mme B… l'hallucination d'un bouquet qu'elle respire, d'oiseaux qu'elle caresse. Chose curieuse, cette hallucination ne se produit que si M. Janet lui touche la main. Si une autre personne que lui la touche, rien ne se produit ; mais si M. Janet touche lui-même cette seconde personne, même à l'insu de la somnambule, l'hallucination réapparaît aussitôt, comme si une action quelconque exercée par lui avait passé au travers du corps de la personne qu'il touche. Si on fait une sorte de chaîne avec plusieurs personnes intermédiaires, le phénomène n'est plus aussi constant. Une expérience favorite de M. Gurney était de cacher la main du sujet derrière un rideau épais, puis de toucher un de ses doigts, qui devenait aussitôt insensible ou rigide. Si un assistant touchait en même temps un autre doigt, jamais il ne le rendait insensible ou rigide. Tel est le phénomène de « l'électivité. » Même pendant la veille, chez certains sujets, quand leur attention était absorbée par une conversation animée avec des tiers, M. Gurney, en touchant un doigt, le rendait insensible ; les autres personnes, non. En admettant donc qu'il y eût suggestion, encore faudrait-il que le sujet, pour deviner l'intention de l'opérateur, eût une délicatesse de sens inouïe. Il semble plutôt qu'il y a là une perception subconsciente et indéfinissable.

La sympathie de l'hypnotiseur et de l'hypnotisé peut s'exercer à distance et devenir ainsi « télépathie. » Rappelons que M. Pierre Janet et M. Gibert ont endormi leur sujet quinze fois, par la concentration de la pensée et de la volonté, à une distance d'au moins cinq cents mètres, et qui a atteint plusieurs kilomètres. M. Héricourt a endormi de même son sujet à plusieurs reprises [8]. Le docteur Dusart a fait plus de cent expériences analogues avec succès. Il a endormi ou réveillé son sujet à des distances de cinq et dix kilomètres. Le même sujet, que son père endormait aussi, reconnaissait l'action de M. Dusart et la distinguait de toute autre. Le sujet de MM. Janet et Gibert savait si c'était le premier ou le second qui l'avait endormie. M. Richet a fait des tentatives analogues, mais avec un succès incertain.

Dans l'hypnotisation à distance, il faut que l'hypnotiseur concentre non-seulement sa pensée, mais encore sa volonté sur le sommeil à produire. D'après M. Pierre Janet, M. Héricourt, M.

Dusart, la croyance qu'a le sujet que son hypnotiseur habituel est en train de l'endormir à distance reste inefficace si l'hypnotiseur ne concentre pas énergiquement sa volonté : l'auto-suggestion est donc nulle ; il faut une action distincte de l'opérateur.

Non-seulement on peut endormir par la force de la pensée, mais on peut, par la même force, faire des suggestions à une personne déjà endormie. M. Gibert suggère mentalement à Mme B... d'arroser le jardin le lendemain à deux heures vingt. Le lendemain, à l'heure exacte, elle prend un seau, le remplit d'eau et arrose le bas du jardin. Une autre fois, M. Gibert convient d'endormir de chez lui Mme B... par la pensée, puis de la forcer à se lever et à venir le rejoindre. Au bout d'un certain temps, Mme B... tombe en somnambulisme, sort brusquement de sa maison et marche à pas précipités ; elle avait les yeux fermés, mais évitait tous les obstacles avec adresse et arriva sans encombre. A peine arrivée, elle tomba sur un fauteuil, dans la léthargie la plus profonde. Cette léthargie ne fut interrompue qu'un instant par une période de somnambulisme proprement dit, où elle murmura : « Je suis venue... J'ai vu M. Janet. J'ai réfléchi qu'il ne faut pas que je prenne la rue d'Étretat : il y a trop de monde [9]... » Cette expérience fut recommencée avec succès, une fois devant M. Paul Janet, venu au Havre pour y assister, une autre fois devant M. Myers, venu d'Angleterre, M. Marillier et M. Ochorowicz [10] La transmission des sensations, et non plus seulement des pensées, se fait, par une véritable télépathie, de M. Pierre Janet à Mme B... Si, dans une autre chambre, M. Pierre Janet boit et mange pendant que Mme B... est endormie, celle-ci croit boire et manger, et on voit sur sa gorge les mouvements de déglutition. Elle distingue si M. Pierre Janet a mis dans sa bouche du sel, du poivre ou du sucre. Si, dans une autre chambre, M. Pierre Janet se pince fortement le bras, Mme B.., endormie, pousse des cris et s'indigne d'être pincée au bras. En se tenant dans une autre chambre, M. Jules Janet, frère de M. Pierre Janet, et qui avait aussi sur Mme B... une très grande influence, se brûla fortement le bras pendant que Mme B... était en léthargie. Mme B... poussa des cris terribles, et M. Pierre Janet, qui était avec elle, eut de la peine à la maintenir [11].

Il y a souvent, nous l'avons vu, chez les hypnotisés, une hyperacuité des sens qui rappelle la perfection avec laquelle les aveugles distinguent les choses au toucher, ou avec laquelle les sourds-muets lisent la parole sur les lèvres. Selon M. Delbœuf, un sujet, après avoir soupesé une carte blanche prise dans un paquet de cartes semblables, peut ensuite la retrouver dans le paquet d'après sa pesanteur. Sur la peau, deux points peuvent être distingués, au moyen du compas de Weber, à une distance moindre que la normale. L'oreille peut entendre le tic-tac d'une montre dans une chambre voisine. M. Bergson a raconté, dans la *Revue philosophique*, l'histoire de cet hypnotisé qui paraissait lire à travers le dos un livre ouvert devant l'hypnotiseur, et qui lisait réellement la page reflétée sur la cornée de ce dernier. On prétend que des sujets ont lu des choses reflétées par des corps non polis. Persuadez à un sujet qu'il y a une photographie sur une carte blanche, il retrouvera la carte dans le paquet, entre cent autres, quoique vous n'y aperceviez aucune différence. Il faut donc qu'il ait des points de repère d'une délicatesse inconcevable. Cette exaltation des sens provient, en partie, de ce que l'activité nerveuse et mentale est concentrée dans des directions exclusives, où elle acquiert plus de force, comme une eau endiguée et tout entière accumulée en une seule direction.

On a émis cette hypothèse que la pensée de l'hypnotiseur se transmet à l'ouïe de l'hypnotisé par l'intermédiaire de la parole. Nous ne pensons point, en effet, sans prononcer mentalement des paroles, et nous ne les prononçons pas mentalement sans les prononcer aussi physiquement avec le larynx ; penser, c'est parler tout bas. Les idées sont tellement inséparables du mouvement, qu'elles se traduisent toujours, dans notre larynx, par des bruits musculaires très faibles qu'une oreille plus fine pourrait entendre. L'hypnotisé peut avoir l'acuité de l'ouïe nécessaire pour entendre un ordre qui lui est donné par la parole intérieure. M. Ch. Féré et M. Ruault ont même pensé que l'hypnotisé peut, comme le sourd-muet, lire les mots sur les lèvres. Lorsque l'expérimentateur veut suggérer mentalement à son somnambule de lever la jambe, il dit en lui-même : « Levez la jambe. Je veux que vous leviez la jambe, » et plus il veut donner cet ordre, plus il tend à articuler des mots. On conçoit donc que le sujet puisse, comme le sourd-muet, mais avec beaucoup plus de délicatesse, discerner ces mots presque articulés, par l'observation des mouvements extérieurs que détermine chez l'hypnotiseur le jeu très atténué des organes de la parole [12].

Quoi qu'il en soit, le moyen de transmission, pour la pensée, doit être un mode d'énergie vibratoire transmise par un milieu : c'est là le seul procédé par lequel des changements, dans une portion de matière, se reproduisent eux-mêmes en une autre portion de matière éloignée. De plus, il s'agit ici d'une reproduction par un cerveau de ce qui a lieu dans un autre cerveau. Enfin, ce qui se reproduit, c'est une idée-force, avec ses effets moteurs. L'hypnotiseur qui concentre fortement sa volonté sur l'idée d'endormir à distance une autre personne se met artificiellement lui-même dans un état de monoïdéisme, où tout est subordonné à une seule idée, devenue le centre actuel du cerveau et de ses mouvements. D'autre part, on sait crue, chez le sujet hypnotisable, l'idée du sommeil voulu par l'hypnotiseur suffit pour réaliser le sommeil même. Il faut les deux idées à la fois pour produire le sommeil. Ces idées n'ont pas besoin d'être claires et distinctes quand le sujet est très impressionnable. Il suffit que le cerveau, par un moyen quelconque, reçoive les vibrations qui, d'ordinaire, aboutissent à l'idée du *sommeil* voulu par telle personne. Comme l'hypnose est précisément la dépression des éléments prédominants dans la conscience normale et l'exaltation d'éléments qui, d'ordinaire, sont effacés sous les autres, on comprend que l'effet, à distance, puisse et doive se produire dans les éléments subconscients ou, en quelque sorte, dans le sous-sol de la conscience, qui est le siège même du sommeil hypnotique. En un mot, on peut admettre une certaine tension cérébrale, nerveuse et musculaire, capable de produire une orientation de la force nerveuse dans une seule direction et qui, par son intensité même, détermine des ondulations extérieures. Ces ondulations, rencontrant un cerveau d'un équilibre excessivement instable et habitué, sous leur influence, à tomber dans le sommeil, y produisent leur effet habituel malgré la distance. Faites résonner un diapason ; un autre diapason, à l'unisson du premier, se mettra à résonner. Les ondulations sonores du premier se sont donc reproduites dans le second, grâce au milieu aérien qui les a transmises.

Au témoignage de Gurney, le révérend Newmann adresse mentalement à sa femme une question ; sa femme, sans le voir, assise devant la planchette des médiums, écrit automatiquement, et répond à la question adressée sans avoir eu conscience ni de la demande, ni de la réponse. On peut donc encore supposer ici une transmission de la pensée, soit par des ondulations aériennes, soit par des ondulations nerveuses qui passent d'un cerveau à l'autre. En outre, cette transmission a lieu à la région subconsciente du cerveau, où se produit d'ordinaire le somnambulisme ; l'individu doué de l'écriture automatique (ou médium) est un hémi-somnambule ; il n'a qu'une subconscience de la question et de la réponse qu'il y fait : le dialogue a lieu au-dessous de la conscience claire du moi.

Nous entrons maintenant dans un domaine encore plus merveilleux et encore mal exploré. Selon MM. Gurney et Myers, beaucoup de personnes ont éprouvé des impressions de diverses sortes représentant une personne éloignée qui, au même moment, était ou mourante ou en proie à quelque grande émotion. Les plus frappantes de ces impressions, recueillies par une minutieuse enquête, consistaient dans la vision de la personne absente ou dans l'audition de sa voix : c'étaient de véritables hallucinations de la vue ou de l'ouïe, mais des hallucinations « véridiques. » Les faits cités par M. Gurney sont très nombreux ; beaucoup sont peu significatifs, plusieurs sont frappants. M. Gurney en conclut la possibilité d'une communication à distance, dans des circonstances exceptionnelles, entre des personnes qui sont reliées par les liens de l'affection. Cette sympathie à distance est la vraie *télépathie*. Elle ne produit pas toujours des hallucinations complètes ; parfois, c'est seulement l'*idée* de la mort d'une personne aimée qui surgit tout d'un coup dans l'esprit, sans aucune apparition sensible de cette personne. M. Gurney explique la chose par ce fait que le mourant a lui-même l'idée de sa propre mort et que la sympathie à distance fait se reproduire cette idée dans le cerveau de la personne qui l'aime. Ce serait un phénomène d'induction nerveuse analogue à ceux de l'induction électrique.

Mme Severn se réveille en sursaut, sentant qu'elle a reçu un coup violent sur la bouche. Au même moment son mari, qui naviguait sur un lac, avait reçu sur la bouche un coup violent de la barre du gouvernail. Une sensation semble ici transmise comme par une sympathie à distance. Dans d'autres cas, c'est une vision qui est transmise. Mme Bettany se promenait dans la campagne en lisant ; tout d'un coup, elle a la vision de sa mère étendue dans son lit et mourante ; elle va chercher un médecin, le ramène, et trouve sa mère telle qu'elle l'avait aperçue dans sa vision. Ici, ce n'est pas la sensation de défaillance qui est transmise, mais la vision de la mère défaillante. Mme C… était à l'église : « Quelqu'un m'appelle, s'écrie-t-elle tout d'un coup, il y a quelque chose. » Le lendemain, on l'appelait au lit de mort de son mari, qui était dans une autre ville.

Deux frères qui s'aimaient beaucoup habitaient l'un l'Amérique, l'autre l'Angleterre. L'un d'eux, qui n'avait aucune raison d'inquiétude sur son frère, le voit assis sur son lit, l'air triste. Frappé de cette vision, il regarde l'heure (en bon Anglais) ; il écrit en Amérique, et apprend que son frère était mort au moment où il l'avait vu apparaître.

Il y aurait parfois, selon M. Gurney, des apparitions volontaires. Deux étudiants de l'école navale d'ingénieurs à Portsmouth avaient l'habitude de se livrer à des séances d'hypnotisme. L'un d'eux, avant d'être hypnotisé par l'autre, prit la résolution d'apparaître pendant son sommeil à une jeune dame de Naudsworth. On prétend qu'il y réussit : il aurait eu la vision de la dame et lui serait apparu à elle-même comme un fantôme.

Deux sœurs se promenaient aux champs ; elles s'entendent appeler par leur nom : « Connie ! Marguerite ! » En même temps, leur frère s'écriait dans le délire de la fièvre : « Marguerite ! Connie ! Marguerite ! Connie ! Oh ! elles se promènent le long d'une haie et ne font pas attention à moi. » Ici, nous avons une hallucination réciproque. Dans d'autres cas, il y a des hallucinations collectives, où la même apparition est vue par plusieurs personnes.

On nous raconte aussi des histoires peu convaincantes : le révérend Godfrey, en se mettant au lit, désira, avec toute l'énergie de sa volonté et toute la concentration de sa pensée, apparaître au pied du lit de son amie Mme X… Il rêva qu'il l'avait en effet visitée et lui demanda si elle l'avait vu en rêve : « Oui. — Comment ? — Assis près de moi. » La même dame, la même nuit, se réveille et se lève pour prendre « quelque soda-water ; » en se retournant, elle aperçoit M. Godfrey debout sous la fenêtre. M. Keulemans, au milieu d'une occupation quelconque, aperçoit tout d'un coup en imagination un panier contenant cinq œufs, dont trois fort gros. Au lunch, il voit deux de ces œufs sur la table. Et il se trouve que sa nourrice avait placé cinq beaux œufs dans un panier pour les lui envoyer. Ces détails de *home* anglais sont amusants, mais est-il probable que l'extraordinaire se produise à propos de choses si ordinaires ?

Dans la majorité des apparitions, « l'agent » qui apparaissait était en proie à quelque grande crise, et dans le plus grand nombre de cas, c'était la crise suprême : la mort. Sur six cent soixante-neuf cas de « télépathie spontanée et involontaire, » quatre cents sont des cas de mort, en ce sens qu'il s'agissait d'un mal sérieux qui, en peu d'heures ou en peu de jours, s'est terminé par la mort. Ces cas sont aussi nombreux aussitôt *après* la mort qu'aussitôt avant. Il n'y a que 47 pour 100 des cas où il ait existé un lien de parenté entre les parties ; la consanguinité comme telle a donc peu d'influence ; c'est le lien d'affection qui constitue le rapport le plus étroit. D'autres fois, le rapport consiste en une simple similarité d'occupation mentale au moment de la vision. Dans neuf cas, il y eut une convention antérieure entre les parties, par laquelle celui qui mourrait le premier s'efforcerait de rendre sensible sa présence. Dans un des cas, un frère avait supplié son frère de lui apparaître ; dans un autre, raconté par miss Bird, l'auteur anglais de livres de voyages, il y avait eu promesse de la part de la personne qui mourut et apparut ensuite. Une hallucination est une perception à laquelle manque la base objective dont elle suggère la croyance, mais qui ne peut être reconnue comme étant sans base objective que par la réflexion distincte. Il faut se rappeler que, dans la perception même la plus véridique, il y a une *construction* de l'objet par nous-mêmes : voir une maison, ce n'est point demeurer passif, c'est réunir en un tout une multitude de signes séparés, c'est interpréter ces signes, c'est induire la réalité d'après des apparences, juger de la situation dans l'espace, dans le temps, etc. Percevoir, c'est donc toujours imaginer, ajouter par association des détails de toute sorte à l'esquisse incomplète que la réalité fournit et qui n'est qu'un point de repère. Dès lors, il suffit qu'une impression plus ou moins vague soit transmise télépathiquement pour constituer un point de repère et un centre d'association. L'impression devient une idée, l'idée entraîne une émotion, l'émotion donne le branle à l'imagination, qui construit une vision et l'objective : de là une hallucination, œuvre de celui qui l'éprouve, mais cependant provoquée par une impression qui s'est transmise d'un cerveau à un autre. Quand il y a des détails d'apparition qui n'ont pu être imaginés par les visionnaires, M. Gurney pense que le mourant, ayant lui-même dans son esprit, à l'état conscient ou subconscient, sa propre image, a pu en envoyer quelques traits et comme une esquisse en même temps que l'idée de lui-même et que l'impression de sa souffrance.

Jusqu'à présent, les faits de télépathie sont loin d'offrir une certitude scientifique. Il faut faire la part du hasard et des coïncidences fortuites, de l'exagération, du mensonge involontaire, des oublis, et même de ces hallucinations de la mémoire qui font que certaines personnes s'imaginent avoir vu ce qu'elles n'ont point vu. Mais la sympathie à distance et l'hyperacuité exceptionnelle des sens n'ont en soi rien de contraire aux données de la science. Il est possible qu'il y ait ou plutôt il est impossible qu'il n'y ait pas des modes de communication à travers l'espace qui nous sont encore inconnus. Un téléphone reproduit à une distance énorme les vibrations reçues de la voix ; on ne saurait nier a priori que certaines ondulations cérébrales ne puissent se transmettre au loin et produire un effet sensible sur des cerveaux particulièrement en sympathie.

Section VI

Si maintenant nous nous élevons à des considérations générales et philosophiques, — ce qui est le principal intérêt des récentes découvertes sur l'hypnotisme et sur les actions à distance, — nous conclurons qu'il y a dans la nature des forces qui échappent à nos sens, et, par cela même, à notre connaissance. Ces forces agissent probablement sur notre état général de sensibilité, mais nous ne les saisissons point par un sens distinct, pas plus que nous n'avons le sens distinct de l'électricité qui, en un jour d'orage, tend nos nerfs et fatigue notre cerveau. Il est impossible que nous sentions à part et que nous connaissions à part tous les modes d'action qui existent dans la nature : par la lutte pour la vie, les êtres sentants n'ont trié que les sensations directement avantageuses à

Alfred Fouillée

la vie même. Nous sentons la fraîcheur utile et agréable du verre d'eau, nous ne sentons pas les animalcules sans nombre qui peuplent le verre d'eau. S'imaginer que notre faculté de sentir est égale à la capacité de fournir qu'a la nature, c'est une illusion de notre orgueil. Quand nous pensons traduire fidèlement les réalités dans le langage de nos sens, nous sommes comme un être qui, n'étant doué que de l'ouïe, aurait à traduire tous les événements des guerres puniques en symphonie. Comment s'y prendrait-il et comment parviendrait-il à ne rien laisser échapper dans ses symboles de la réalité historique ?

D'autre part, on conçoit que chez certains individus, dans telles ou telles circonstances, des facultés de sentir se manifestent et s'exaltent qui ne sont d'ordinaire en nous qu'à l'état latent. Ces phénomènes, désignés jadis sous le nom de *lucidité* somnambulique, s'expliquent par l'exaltation de certains sens, ou de certaines sensations qui, à l'état normal, se perdent dans la masse, sont inhibées et étouffées sans arriver à produire dans la conscience un son distinct. Il faut donc admettre à la fois, dans la nature, des modes de force inconnus, dans la conscience, des modes de sentir inconnus.

La physique enseigne que nous subissons réellement l'action mécanique de la totalité du milieu matériel où nous sommes plongés : non-seulement la terre nous attire, par cotte pesanteur dont nous prenons conscience en voulant nous élever en l'air, mais le soleil, qui attire la terre, nous attire aussi sans que nous le sentions ; Sirius et Arcturus nous attirent : nous subissons l'action de l'univers et nous réagissons, atome infiniment petit, au sein de l'infiniment grand. Or, le résultat auquel aboutit la philosophie contemporaine, nous l'avons vu, c'est l'union indissoluble et universelle du mécanique et du psychique, l'un étant la manifestation extérieure, l'autre étant la réalité intérieure, qui se sent, est présente à soi, existe pour soi. Tout mouvement d'un être vivant est le signe d'un appétit interne, accompagné d'une sensation plus ou moins sourde d'aise ou de malaise, de vie facile ou de vie contrariée. Réduisez à une sorte d'infiniment petit cette appétition et cette sensation, vous aurez ce qui se passe probablement dans les molécules prétendues inanimées dont se compose la matière. Il est admis aujourd'hui que les végétaux sont des animaux arrêtés dans leur développement sensitif, au profit des fonctions les plus automatiques ; le minéral est probablement un composé d'atomes vivants groupés de manière à se faire équilibre et réduits ainsi à une mort apparente, à un état d'arrêt, au lieu d'un mouvement d'évolution.

Dans le siècle prochain, au lieu de dire que le mental est l'ombre du mécanique, on dira, au contraire, que c'est le mécanique qui est l'ombre et que le mental est infiniment plus réel. On reconnaîtra même que le mécanique pur n'existe pas ; c'est un idéal de savants qui n'est jamais réalisé. En effet, pour comprendre les phénomènes, le savant essaye de les réduire à des éléments intelligibles qui sont de plus en plus abstraits : la masse, le mouvement, le temps, l'espace, le nombre, l'identité, la différence. Il les dépouille ainsi successivement de toutes leurs qualités sensibles, qui cependant font leur vraie réalité. La dernière qualité qu'il leur laisse, c'est la *résistance*, dont l'impénétrabilité n'est que l'expression abstraite ; puis, avec une réflexion de plus, il se dit : — « C'est encore là une qualité relative à notre sens du tact ; » il l'enlève donc ' à son tour pour ne plus laisser, comme Descartes, que l'étendue. Il a alors devant son imagination ravie de géomètre des figures de toute sorte qui se meuvent dans l'espace et dans le temps, selon ces lois du nombre qui enchantaient Pythagore. C'est le triomphe du mécanisme, et le savant s'écrie : « (GREC). » Par malheur, la perfection du mécanisme est sa mort, car nous nous apercevons bientôt que le mécanisme complet est une complète abstraction [13]. Loin d'être une réalité, il est le terme tout idéal de la résolution des phénomènes en éléments abstraits et complètement intelligibles : c'est la silhouette de l'univers projetée sur notre pensée. Que la science physique, de son propre point de vue et *uniquement* à son point de vue, donne donc une complète explication *physique* du monde matériel, y compris les mouvements de nos cerveaux, sans le moindre appel à l'activité d'êtres sentants *comme tels* ; ce sera son droit. Le monde physique conçu par nous, en effet, est un système de signes et indices sensibles qui, *à leur manière*, correspondent complètement au système des agents réels et des réelles activités. Le physicien peut donc à son aise, comme l'algébriste, travailler sur ses symboles sans aucune référence aux choses symbolisées. Mais qu'il sache bien que son explication physique ne supprime pas, qu'elle appelle au contraire l'explication philosophique.

·

Alfred Fouillée

Celle-ci, à son tour, est nécessairement psychologique ; car les seules données qu'elle puisse employer à ses constructions sont des éléments d'expérience réductibles, en dernière analyse, à des faits de conscience, à des extraits de nos sensations et appétitions. Un être réduit à l'ouïe, comme nous le supposions tout à l'heure, mais à une ouïe d'une puissance et d'une finesse extrêmes, pourrait entendre la musique des sphères ; il dirait alors, non plus que tout est mouvement visible ou tangible, mais que tout est sensation de son. La science fondamentale de la nature, au lieu d'être la mécanique, comme elle l'est pour les savants de nos jours, serait pour lui la musique : il ne comprendrait d'autres lois que celle des accords. En réalité, la mécanique elle-même n'est pas vraiment fondamentale : le mouvement suppose les mobiles et moteurs, et il reste toujours à savoir ce que sont ces moteurs et mobiles : les appeler atomes infinitésimaux, ce n'est pas plus nous dire ce qu'ils sont que de les appeler des x infinitésimaux. Quand nous voulons nous représenter ces x en données connues, nous sommes toujours obligés d'emprunter ces données au sentiment que nous avons de notre propre existence, de nos états de passivité et de nos réactions sur le dehors. Partout où il y a du mouvement, partout nous soupçonnons quelque vague appétit et quelque sensation rudimentaire. Dans le grand tout, rien de mort ; tout vit, tout sent ou, pour ainsi dire, pressent à des degrés divers, tout fait effort et aspire. Il existe une inquiétude universelle qui n'est pas un simple changement de place dans l'étendue, mais une modification interne, analogue aux éléments les plus primitifs des états de conscience. Nous ne sommes pas seulement plongés dans un milieu matériel, mais nous baignons en même temps, pour ainsi dire, dans une atmosphère de vie mentale ; non-seulement, dans l'univers, tout est en relation mécanique, mais il semble probable que tout est en relation sympathique et « télépathique » : (GREC).

Notes

1. L'ouvrage si complet et si neuf de MM. Binet et Féré, les grands travaux de M. Ch. Richet, le livre vraiment admirable de M. Pierre Janet, les très savantes études de M. Delbœuf, celles de M. Beaunis et de M. Bernheim, sont des exemples de l'aide que

la philosophie et la psychologie peuvent apporter aux sciences physiologiques et même médicales. On avait parlé récemment de supprimer les études philosophiques pour les futurs médecins ; sous prétexte de « gagner un an, » ils auraient perdu un ensemble de notions qui est absolument essentiel à tout physiologiste et à tout médecin. Voici l'hommage rendu à notre école française de psychologie par un éminent psychologue de l'Angleterre, directeur d'une des revues les plus estimées dans le monde entier, le Mind : — « Depuis longtemps, dit-il, rien n'a été si remarquable que le grand progrès de l'activité psychologique en France. Avec la Revue philosophique sous la main, paraissant chaque mois, pour stimuler aussi bien que pour accueillir les investigations nouvelles, un grand nombre de travailleurs, plus ou moins bien « entraînés, » ont abordé les problèmes particuliers de la psychologie ; ils ont obtenu des résultats du plus grand intérêt et pleins de promesses. Dans d'autres contrées (l'Allemagne), où les recherches de psychologie positive sont poursuivies, comme elles ne le sont pas encore en Angleterre, par une classe professionnelle active, on s'est efforcé plutôt, jusqu'à présent, d'obtenir des résultats exacts sur les voies battues de la psycho-physique ; en France, il y a eu une singulière ardeur à établir de nouvelles fondations pour la psychologie, sur le champ expérimental des états psychiques anormaux, principalement cet état d'hypnotisme qui se prête si aisément aux conditions de l'expérimentation scientifique. » (Mind, janvier 1890, p. 120.) Voulons-nous que notre pays perde ce nouveau titre d'honneur ? que nos physiologistes et nos médecins cessent de concourir aux progrès de la psychologie en France ? que cette psychologie même cesse de faire chez nous des progrès qui sont reconnus de toutes les autres nations ? Nous n'aurions pour cela qu'à supprimer ou à restreindre les études philosophiques dans l'enseignement secondaire, qu'à les renvoyer aux kalendes des universités futures, tout absorbées dans leurs diverses spécialités, qu'à dispenser les aspirants à la carrière médicale du baccalauréat ès lettres et philosophie, qu'à remplacer pour eux l'étude de l'esprit et de ses rapports avec l'organisme par de la botanique, de la chimie ou de la minéralogie. Ce qui serait pis encore, ce serait d'ouvrir l'accès des facultés de médecine (et aussi des autres facultés) aux élèves de l'enseignement spécial ou de cet enseignement « français

» qui ne sera jamais qu'un enseignement spécial masqué.

2.	De la suggestion morale, p. 258.

3.	L'Automatisme psychologique, p. 364.

4.	Ibid., p. 362.

5.	« Pendant une opération dentaire, dit M. Delbœuf, en attachant mon esprit sur cette idée que la sécrétion salivaire ne se produirait pas, j'ai pu la suspendre pendant un temps relativement assez long. » Ce fait n'est pas plus surprenant que celui des pleurs à volonté chez certaines femmes.

6.	De l'Origine des effets curatifs de l'hypnotisme.

7.	M. Delbœuf rapproche de ces faits l'action calmante exercée par la présence du docteur, par la confiance qu'il affecte et qu'il inspire. Les malades qui aiment à changer de médecin ou de régime se félicitent pendant quelque temps, après chaque changement, du bien-être qu'ils éprouvent. Les succès des homéopathes ne tiennent probablement pas à une autre cause.

8.	Pendant qu'il concentrait sa volonté, Mme D…, qui n'était pas prévenue, fut saisie soudain d'une irrésistible inclination au sommeil, quoiqu'elle ne dormit jamais le jour ; elle n'eut que le temps de passer dans une autre chambre et tomba sur un sofa comme morte. Quand, après l'avoir prévenue qu'il l'endormirait dans la journée, M. Héricourt voulait qu'elle ne s'endormit pas, elle restait éveillée, malgré l'attente du sommeil, et croyait l'expérience manquée.

9.	Revue philosophique, 1886, t. II, p. 221.

10.	Si M. Pierre Janet approche son front de celui du sujet endormi (Mme B…) et donne un commandement par la pensée pour le lendemain à telle heure, Mme B… prend la main de M. Pierre Janet et la serre, « comme pour indiquer qu'elle a compris. » Le lendemain, à l'heure exacte où la suggestion faite mentalement doit être exécutée, Mme B… est prise de grands troubles : « Elle sait, dit-elle, qu'elle a quelque chose à faire, niais elle ne sait pas quoi. » Elle n'a compris ou retenu du commandement que l'heure, et non l'acte à exécute*». Une fois, cependant, M. Janet lui avait suggéré par la pensée de prendre une lampe, à onze heures du matin, et de la porter au salon. A onze heures, elle prend des allumettes et les enflamme les unes après les autres, en proie à la plus grande agitation. M. Pierre Janet l'endort pour la calmer et Mme B… s'écrie alors : « Pourquoi voulez-vous me faire allumer une lampe ce matin ? Il fait grand jour. »

M. Ochorowicz raconte ainsi une de ses expériences de suggestion mentale : Lève ta main droite ! Je concentre ma pensée sur le bras droit de la malade, comme s'il était le mien ; je m'imagine son mouvement à plusieurs reprises, tout en voulant contraindre la malade par un ordre intérieurement parlé… Première minute : action nulle ; deuxième minute : agitation dans la main droite ; troisième minute : l'agitation augmente, la malade fronce les sourcils et lève la main droite, qui retombe quelques secondes après… Va à ton frère et embrasse-le. Elle se lève, s'avance vers moi, puis vers son frère. Elle tâte l'air près de sa tête, mais ne le touche pas, s'arrête devant lui en hésitant ; elle se rapproche lentement et l'embrasse sur le front en tressaillant. »

La Société pour les recherches psychiques, en Angleterre et en Amérique, s'est livrée à des expériences très patientes et très minutieuses sur la transmission de la pensée à des personnes hypnotisées et même non hypnotisées. Ces résultats, quoique frappans dans certains cas, ne nous semblent guère probans dans l'ensemble.

11. Mme B… tenait son bras droit au-dessus du poignet et se plaignait d'y souffrir beaucoup. Or M. Pierre Janet ne savait pas lui-même exactement où son frère avait voulu se brûler : c'était bien à cette place-là. Quand Mme B… fut éveillée, elle serrait encore son poignet droit et se plaignait d'y souffrir beaucoup « sans savoir pourquoi. » Le lendemain, elle soignait encore son bras avec des compresses d'eau fraîche ; « et le soir, dit M. Pierre Janet, je constatai un gonflement et une rougeur très apparens à l'endroit exact où mon frère s'était brûlé ; mais il faut remarquer qu'elle s'était touché et gratté le bras pendant la journée. » (Ibid., p. 223.)

12. Revue philosophique, ibid., p. 685.

13. Voir à ce sujet le livre de M. Lachelier sur l'Induction.

ISBN : 978-1545406014